> 日本語

1．おはようございます。

2．こんにちは。お元気ですか。

3．こんばんは。

4．おやすみなさい。

5．さようなら。

6．じゃあ、また。

7．ありがとうございます。

8．はい。

9．いいえ。

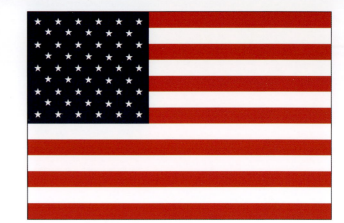

Anglospeak.png：Countries where English is an official language.

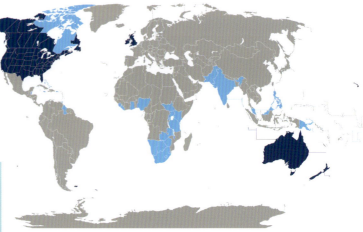

Native languages of North America

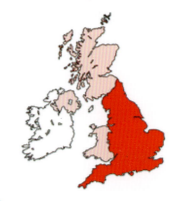

From Wikimedia Commons, the free media repository

英語／イギリス／アメリカ／リンガフランカ

1．Good morning.

2．Hello. How are you?

3．Good evening.

4．Good night.

5．Good bye.

6．See you.

7．Thank you.

8．Yes.

9．No.

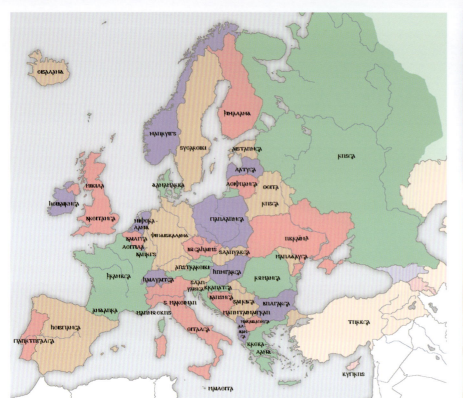
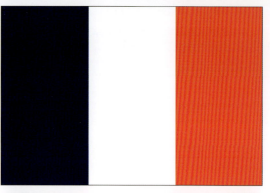

From Wikimedia Commons, the free media repository

フランス語

1. Bonjour.
2. Bonjour. Comment allez-vous ?
3. Bonsoir.
4. Bonne nuit.
5. Au revoir.
6. À plus !
7. Merci.
8. Oui.
9. Non.

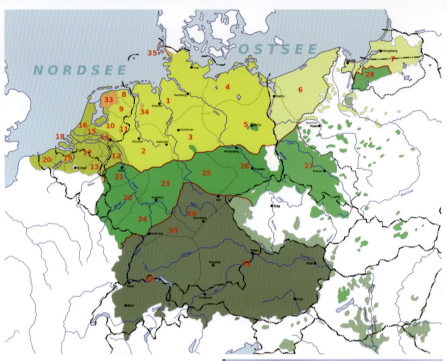

From Wikimedia Commons, the free media repository

ドイツ語

1. Guten Morgen.
2. Hallo. Wie geht's?
3. Guten Abend.
4. Gute Nacht.
5. Auf Wiedersehen.
6. Bis bald.
7. Danke.
8. Ja.
9. Nein.

From Wikimedia Commons, the free media repository

1. Buenos días.

2. Hola. ¿Cómo estás?

3. Buenas tardes.

4. Buenas noches.

5. Adiós.

6. Hasta luego.

7. Gracias.

8. Sí.

9. No.

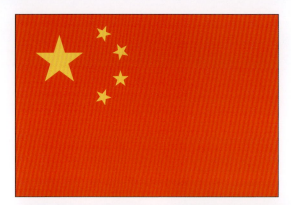
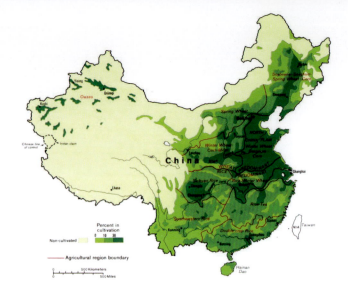

From Wikimedia Commons, the free media repository

中国語

1．早上好。

2．你好。

3．晚上好。

4．晚安。

5．再会。

6．一会儿见。

7．谢谢。

8．是。

9．不。

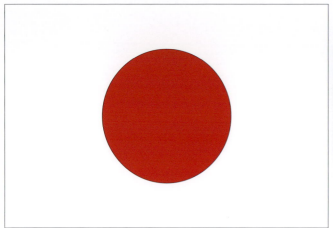

Regions and Prefectures of Japan

Hokkaidō
1. Hokkaidō

Tōhoku
2. Aomori
3. Iwate
4. Miyagi
5. Akita
6. Yamagata
7. Fukushima

Kantō
8. Ibaraki
9. Tochigi
10. Gunma
11. Saitama
12. Chiba
13. Tokyo
14. Kanagawa

Chūbu
15. Niigata
16. Toyama
17. Ishikawa
18. Fukui
19. Yamanashi
20. Nagano
21. Gifu
22. Shizuoka
23. Aichi

Kansai
24. Mie
25. Shiga
26. Kyoto
27. Osaka
28. Hyogo
29. Nara
30. Wakayama

Chūgoku
31. Tottori
32. Shimane
33. Okayama
34. Hiroshima
35. Yamaguchi

Shikoku
36. Tokushima
37. Kagawa
38. Ehime
39. Kochi

Kyūshū & Okinawa
40. Fukuoka
41. Saga
42. Nagasaki
43. Kumamoto
44. Ōita
45. Miyazaki
46. Kagoshima
47. Okinawa

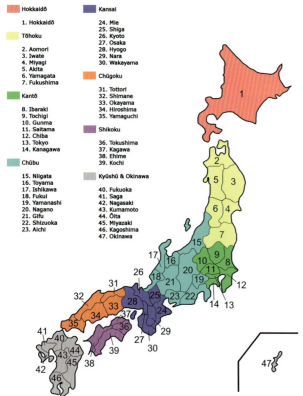

From Wikimedia Commons, the free media repository